어린이 생물 도서관 8

한국 매미 사전

The Encyclopedia of Korean Cicadas

어린이 생물 도서관 8

한국 매미 사전

The Encyclopedia of Korean Cicadas

펴낸날 2022년 4월 15일
지은이 김선주

펴낸이 조영권
만든이 노인향, 백문기
꾸민이 ALL contents group

펴낸곳 비글스쿨
주소 서울 마포구 신수로 25-32, 101(구수동)
전화 02) 701-7345~6 **팩스** 02) 701-7347
홈페이지 www.econature.co.kr
등록 제2007-000217호

ISBN 979-11-6450-046-8 76490

어린이 생물 도서관 8

김선주 지음

한국 매미 사전

The Encyclopedia of Korean Cicadas

비글스쿨

CONTENTS

매미 소리와 모습을 듣고 볼 수 있는 곳

youtube.com/c/cicadasun (유튜브_한국 매미)

cafe.naver.com/cicadasun (카페_한국 매미)

매미 세계로 초대합니다

어린 시절 살던 집 앞산에는 가죽나무 군락이 있었습니다. 그곳에서 독특한 매미 소리가 들려왔는데, 좀처럼 모습을 보이지 않아서 한동안 정체를 알 수가 없었습니다. 그러던 어느 날 드디어 두 마리를 잡았습니다. 한 마리는 몸집이 크고 다른 한 마리는 꽤나 작았습니다. 몸집이 큰 녀석은 배가 투명해서 속이 훤히 비쳤습니다. 한참 뒤 어른이 되어서야 그 매미가 소요산매미라는 것, 몸집이 큰 것은 수컷, 작은 것은 암컷이라는 것을 알았습니다.

무더운 여름에 대추나무에 앉아 울거나 가로등 불빛 아래로 날아와 파닥였던 매미는 손으로 잡으면 '찌직'하는 소리를 내서 '찌직매미'라고 불렀는데, 알고 보니 녀석의 정체는 애매미였습니다.

이처럼 매미 정체를 제대로 알기까지 많은 시간이 걸렸지만, 나중에라도 우리나라에 사는 매미 종류와 이름을 알 수 있었던 것은 2005년에 나온 이영준 박사의 『우리 매미 탐구』라는 책 덕분입니다.

매미는 여름을 대표하는 곤충이고, 우리나라에 열두 종만 사는데도 매미를 구별해 알아보는 사람이 적습니다. 그렇지만 나무줄기에 붙은 허물이 어떤 매미 것인지, 어떤 매미가 어떤 소리를 내는지 궁금해하는 사람도 많습니다. 제가 책의 도움을 받아 매미 궁금증을 풀었던 것처럼, 이제는 제가 꾸준하게 관찰하고 세심하게 기록한 내용이 여러분에게 도움 되기를 바라며 『한국 매미 사전』을 정리했습니다. 매미를 알아 가는 데에 즐겁게 활용해 주세요.

2022년 4월 김선주

먼저 읽어 보세요

매미는 어떤 동물?

'매미'는 곤충강 노린재목 매미과에 속하는 종을 일컫습니다. 알-애벌레-어른벌레로 탈바꿈하며 자라고, 뾰족한 주둥이로 식물 즙을 빨아 먹고 삽니다.

겹눈 2개로 물체를 감지하고 붉은색 홑눈 3개로 밝고 어두움을 구별합니다. 매미는 수컷만 웁니다. 수컷 배에는 소리를 내는 기관이 있어서 위험을 알리거나 암컷을 부를 수 있습니다. 암컷 배에는 소리 내는 기관이 없고 알 낳는 기관이 있습니다.

짝짓기한 암컷은 나뭇가지나 껍질, 풀줄기에 알을 낳으며, 알에서 깨어난 애벌레는 땅속으로 들어가 식물 뿌리의 즙을 빨아 먹고 4~5차례 허물을 벗으면서 여러 해에 걸쳐 자랍니다. 다 자란 5령 애벌레(다섯 살 애벌레, 종령 애벌레라고도 부릅니다)는 여름에 땅 위로 나와 나무나 풀줄기를 타고 올라가 날개돋이해 어른벌레가 됩니다. 어른벌레로 사는 기간은 2~4주입니다.

나무즙을 빨고 오줌을 누는 말매미

분류

우리나라 매미는 크게 두 무리, 매미아과와 좀매미아과로 나눕니다. 소리를 널리 퍼뜨리는 진동막에 덮개가 있는 것은 매미아과, 덮개가 없는 것은 좀매미아과입니다. 매미아과에는 9종, 좀매미아과에는 3종이 속합니다. 두눈박이좀매미(*Kosemia admirabilis*)는 북한과 중국 동북부 지역에 살며 남한에서는 관찰되지 않는 종이어서, 이 책에서는 우리나라 매미를 12종으로 정리했습니다.

매미아과

Cicadinae

1 털매미 *Platypleura kaempferi* (Fabricius, 1794)
2 늦털매미 *Suisha coreana* (Matsumura, 1927)
3 참깽깽매미 *Auritibicen intermedius* (Mori, 1931)
4 말매미 *Cryptotympana atrata* (Fabricius, 1775)
5 유지매미 *Graptopsaltria nigrofuscata* (Motschulsky, 1866)
6 참매미 *Hyalessa fuscata* (Distant, 1905)
7 소요산매미 *Leptosemia takanonis* Matsumura, 1917
8 쓰름매미 *Meimuna mongolica* (Distant, 1881)
9 애매미 *Meimuna opalifera* (Walker, 1850)

좀매미아과

Cicadettinae

10 세모배매미 *Cicadetta abscondita* Lee, 2008
11 호좀매미 *Kosemia yezoensis* (Matsumura, 1898)
12 풀매미 *Tettigetta isshikii* (Kato, 1926)

진동막덮개가 있는 매미아과의 늦털매미

진동막덮개가 없는 좀매미아과의 풀매미

… 짝짓기

매미는 어른벌레로 사는 기간이 매우 짧아 어른벌레가 되자마자 짝을 찾기 바쁩니다. 매미아과와 좀매미아과는 짝짓기 방식이 조금 다릅니다. 매미아과는 수컷이 소리를 내면 주변에 있던 암컷이 다가옵니다. 그러면 수컷이 암컷에게 달라붙어 'V'자 자세로 배 끝을 맞대고 짝짓기합니다. 털매미와 늦털매미는 시간이 지나면 배 끝을 맞댄 채 서로 반대 방향을 향하면서 'ㅣ'자로 자세를 바꿉니다. 관찰해 보니 짝짓기 시간은 털매미는 20분 정도, 말매미와 유지매미는 30분 정도, 참깽깽매미는 40~50분이었습니다.

좀매미아과의 세모배매미와 풀매미는 수컷이 소리를 내면 주변에 있던 암컷이 날갯짓을 해서 자기 위치를 알립니다. 그러면 수컷은 날갯짓 소리가 나는 곳으로 찾아가서 짝짓기를 하지요. 매미아과와 마찬가지로 'V'자 자세로 배를 맞댑니다. 세모배매미는 짧게 4시간에서 길게는 6시간 이상, 풀매미는 10~20분 동안 짝짓기 합니다.

'V'자 자세로 짝짓기하는 참깽깽매미

알 낳기

짝짓기를 마친 암컷은 대부분 살아 있거나 죽은 나뭇가지와 껍질 속에 알을 낳습니다. 예외로 풀매미와 세모배매미는 풀줄기에 알을 낳습니다. 산란관 끝에 달린 톱니 모양 기관으로 나무껍질과 가지, 풀줄기에 구멍을 뚫고 거기에 산란관을 넣습니다. 그래서 암컷이 알을 낳은 줄기나 가지에는 구멍을 뚫느라 톱질을 한 흔적이 남습니다. 이것으로 어떤 매미가 알을 낳았는지 알 수 있습니다.

흰 쌀알처럼 생긴 알은 길이가 대개 2mm 안팎이고, 몸집이 작은 풀매미 알은 1.5mm 정도입니다. 보통 구멍 하나당 낳는 알은 말매미와 참깽깽매미는 5개 안팎, 호좀매미와 늦털매미는 9개 안팎, 풀매미는 10개 안팎, 세모배매미는 20개 안팎입니다.

뽕나무 가지에 알을 낳는 말매미 암컷

알과 1령 애벌레

애벌레가 허물을 벗으며 자랄 때마다 나이를 뜻하는 '령'이란 말을 붙입니다. 대개 5번 허물을 벗으며, 그때마다 1~5령 애벌레라고 부르지요. 더 이상 허물을 벗지 않을 만큼 자란 5령 애벌레는 마지막이라는 뜻으로 종령 애벌레라고도 부릅니다.

매미아과의 알은 처음에는 흰색이었다가 시간이 지나면 살구색으로 변하며, 부화할 때가 다가오면 겹눈과 다리가 보이기 시작해요. 좀매미아과의 알은 처음에는 흰색이었다가 노란색에서 주황색을 거쳐 부화할 때가 되면 빨간색이 되고, 겹눈과 다리가 보여요.

보통 비가 오고 습한 날에 1령 애벌레가 알에서 깨어 나옵니다. 알이 세로로 갈라져서 산란구멍 밖으로 머리부터 밀려 나오며, 몸은 얇은 막에 감싸여 있어서 애벌레는 구멍 밖으로 쉽게 나올 수 있습니다. 이 상태를 전애벌레 단계라고 하며 이 껍질을 벗으면서 1령 애벌레가 됩니다. 알에서 갓 나온 매미아과 1령 애벌레는 반투명한 살구색이며 좀매미아과 애벌레는 반투명한 붉은색이에요. 1령 애벌레는 깨어난 뒤에 잠시 쉬었다가 땅으로 떨어지거나 빠르게 이동해 풀이나 나무뿌리로 통하는 틈새, 구멍을 찾아 비집고 땅속으로 들어갑니다.

부화하기 직전인 세모배매미 알

풀매미 전애벌레

늦털매미 1령 애벌레

··· 날개돋이

수년간 땅속 생활을 하던 애벌레가 다 자라면 땅 위로 올라와 주변에 있는 풀줄기나 나무 같은 높은 곳으로 기어 올라갑니다. 그런 뒤 몸을 안전하게 고정시키고 날개돋이를 해 어른벌레가 되지요. 매미아과는 오후 6시부터 밤 12시 사이에 날개돋이하며, 밤 8~10시 사이에 가장 많이 날개돋이합니다. 좀매미아과는 오전 9시부터 오후 1시 사이에 날개돋이하고요. 매미아과는 날개돋이에만 2시간 이상 걸리고, 몸이 완전히 마르기까지도 시간이 걸리는 반면, 좀매미아과는 그 절반인 1시간 정도면 날개돋이가 끝나고 몸도 빠르게 말라서 금방 그 장소를 벗어납니다. 매미아과더라도 그늘진 장소이거나 구름이 끼어 흐릴 때에는 가끔 낮에 날개돋이하기도 합니다.

애매미 종령 애벌레

늦털매미 날개돋이

부위 이름

윗면

앞날개
앞날개 기부
홑눈
머리
겹눈
앞가슴등판
가운데가슴등판
'X'자 융기
(튀어나온 부분)
뒷날개
진동막덮개
배

아랫면

더듬이
주둥이
이마방패
앞다리
운데다리
뒷다리
배딱지
수컷 생식판
(안에 생식기가 들어 있다.)
암컷 생식기
(산란관집 안에 산란관이 들어 있다.)

우리나라 매미 12종

온몸이 짧은 털로 덮여 있다. 제주 용담2동. 2017.07.18.

털매미

***Platypleura kaempferi* (Fabricius, 1794)**

몸길이

수컷 22mm 안팎, 암컷 21mm 안팎

날개 끝까지 길이

수컷 35mm 안팎, 암컷 36mm 안팎

나타나는 때

6월 초순~9월 중순

몸 전체에 짧은 털이 덮여 있어서 털매미라는 이름이 붙었다. 깨끗한 개체는 날개를 포함한 몸 전체에 짧은 금빛 털이 있다. 섬을 비롯한 한반도 전역의 평지와 산지에 고루 퍼져 살며, 때와 날씨를 가리지 않고 하루 종일 운다. 어른벌레를 손으로 잡으면 꽁무니를 위아래로 들썩거린다.

몸 전체가 어둡고 앞날개에는 얼룩무늬가 있어 나무줄기에 앉았을 때 보호색 역할을 한다. 뒷날개는 검은색이며 테두리가 투명하다. 가운데가슴등판에는 'W'자 무늬가 있다. 몸 아랫면은 흰색 가루로 덮여 있다.

짝짓기. 머리 앞부분이 늦털매미에 비해 평평하다. 제주 봉개동. 2019.07.24.

수컷. 나무에 주둥이를 꽂고 즙을 빤다. 충북 제천 청풍면. 2012.07.09.

수컷. 소리를 내면 날개가 살짝 벌어지고
배가 들썩인다. 제주 용담2동. 2017.07.18.

몸과 날개 무늬가 나무껍질과 닮아 눈에 잘 띄지 않는다.
강원 영월 한반도면. 2021.07.05.

종령 애벌레. 땅속에서 나와 나무를 기어오른다. 충북 청주 수곡동. 2018.07.08.

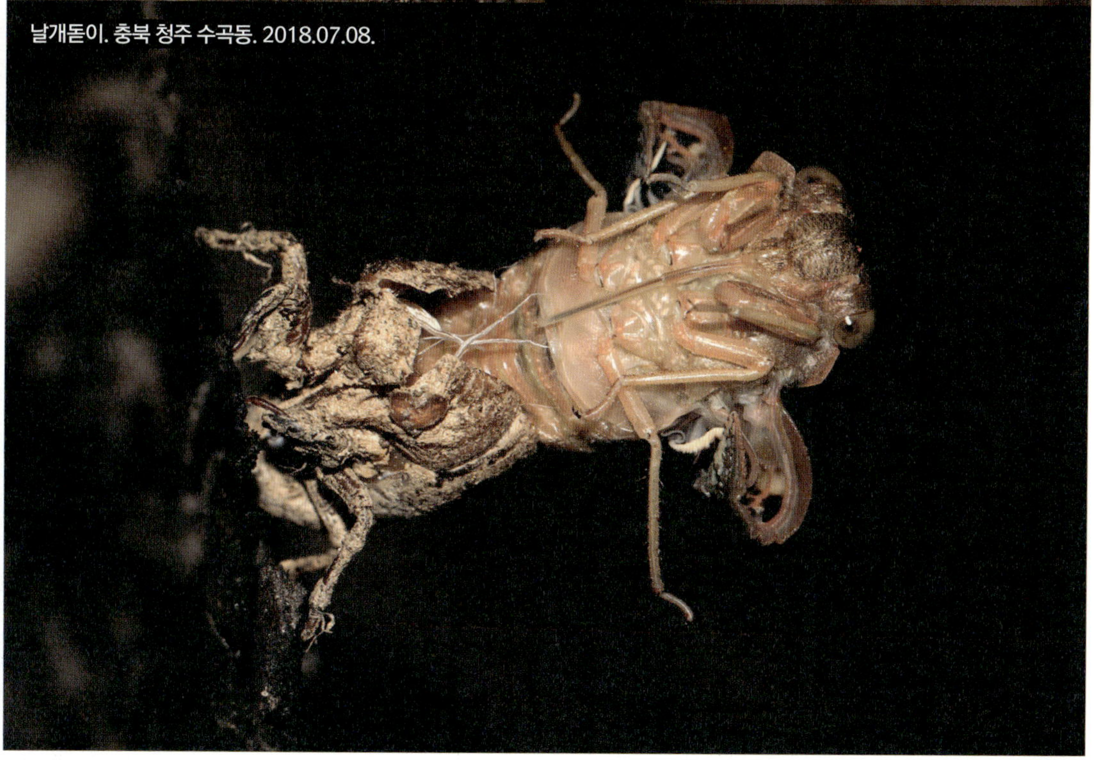
날개돋이. 충북 청주 수곡동. 2018.07.08.

털매미가 알을 낳은 흔적. 여름에 낳은 알이 그해 10월 초순에 부화한다. 제주 용담2동. 2017.07.18.

곧 부화할 알. 2018.10.09.

알에서 허물을 벗고 나오는 1령 애벌레. 습한 날에 허물을 벗고 나와 땅속으로 들어간다. 2018.10.08.

늦털매미 허물과 생김새가 비슷하나 조금 더 작다.
배 끝부분이 아래쪽으로 말려서 둥글다.

수컷 옆면

수컷 생식기

암컷 생식기

윗면

아랫면

윗면

아랫면

적색형

수컷. 몸 전체가 긴 털로 덮여 있다. 충북 청주 남일면. 2017.10.03.

늦털매미

Suisha coreana (Matsumura, 1927)

몸길이

암수 모두 22mm 안팎

날개 끝까지 길이

수컷 35mm 안팎, 암컷 38mm 안팎

나타나는 때

8월 하순~11월 초순

털매미와 생김새가 비슷하며, 다른 매미보다 어른벌레가 나타나는 시기가 늦다고 해서 늦털매미라는 이름이 붙었다. 한반도 전역의 산지와 평지에 고루 퍼져 산다. 산지에서부터 나타나기 시작해서 서서히 평지에서도 보이며 남한 북부 지역에서는 날씨가 선선해지는 8월 하순에 처음 나타나지만, 남부 지역으로 내려갈수록 나타나는 시기와 사라지는 시기가 점점 늦어진다.

털매미와 다른 점은 ① 몸통이 훨씬 두껍고 둥글며, ② 앞날개 기부 바깥 테두리가 더욱 둥글게 튀어나왔고, ③ 뒷날개에 누런색과 검은색이 섞여 있으며, ④ 날개와 몸 전체가 훨씬 긴 금빛 털로 덮여 있다.

털매미와 마찬가지로 가운데가슴등판에 'W' 자 무늬가 있고 앞날개에 얼룩무늬가 있으며 몸 아랫면이 흰색 가루로 덮여 있다. 또한 어른벌레를 손으로 잡고 있으면 꽁무니를 위아래로 들썩거린다. 다른 매미에 비해 날개가 매우 부드럽다.

몸통이 털매미보다 더 두껍고 머리 앞부분이 둥글다.
충북 진천 두타산. 2019.10.16.

종령 애벌레. 밤에 나무를 기어오른다.
충북 청주 산남동. 2017.09.22.

날개돋이하는 암컷.
충북 청주 산남동.
2017.09.22.

소리 내는 수컷. 충남 예산 원효봉. 2018.10.04.

흐린 날 오전에 날개돋이한 암컷.
경기 연천 전곡읍.
2018.09.13. 11시 36분.

종령 애벌레. 날개돋이 중에 꼽등이 습격을 받아 죽었다.
경기 연천 전곡읍. 2018.09.12.

암컷. 죽은 신갈나무 가느다란 가지에 알을 낳는다.
충북 진천 두타산. 2019.10.16.

늦털매미가 알 낳은 흔적. 충북 진천 두타산. 2019.10.08.

가지 속 알. 한 구멍에 알을 9개 안팎 낳는다. 2021.05.18.

알에서 깨어난 1령 애벌레. 10월 초순에 낳은 알이 다음 해 5월 하순에 부화한다. 2020.05.31.

허물

털매미 허물과 생김새가 비슷하나 조금 더 크다.
배 끝부분이 아래쪽으로 말려서 둥글다.

수컷 옆면

수컷 생식기

암컷 생식기

수컷

적색형과 녹색형 윗면

적색형과 녹색형 아랫면

윗면

아랫면

윗면

아랫면

참깽깽매미

Auritibicen intermedius (Mori, 1931)

몸길이

암수 모두 35mm 안팎

날개 끝까지 길이

수컷 53mm 안팎, 암컷 55mm 안팎

나타나는 때

7월 초순~10월 초순

울음소리가 얻어맞은 개가 "깨앵 깨앵" 소리를 내는 것과 비슷하다고 해서 '깽깽매미'라는 이름을 붙였다지만 실제로 들어 보면 그런 느낌은 아니다. 참깽깽매미의 '참'은 우리나라 깽깽매미라는 뜻에서 붙였다. 기온이 낮은 곳에 사는 매미로 한반도 중부와 북부 지역에서는 해발 600m 이상인 고산지대 산 중턱부터 정상 사이에 살며, 고도가 높은 강원도에서는 평지에서도 보이고 개체수도 많은 편이다. 남쪽으로 내려갈수록 고도가 더 높은 산에 올라가야 볼 수 있다.

수컷. 날개 기부 날개맥은 녹색이다.
경기 연천 고대산. 2018.08.17.

가운데가슴등판에 있는 'W'자 무늬와 'X'자 융기(튀어나온 부분)가 누런색을 띠며, 날개 기부는 주황색이고 기부와 가까운 날개맥은 녹색이다. 깨끗한 개체는 몸 윗면에 금빛 털이 나 있으며 아랫면은 흰 가루로 덮여 있다. 겹눈은 적갈색이다.

특이하게도 나무 꼭대기 잔가지에서 머리를 줄기의 굵은 쪽이나 땅을 향하고 앉아 울며, 한 자리에서 좀처럼 떠나지 않는다. 맑은 날, 오전에 울고 오후 3시 이후에는 거의 울지 않는다. 구름이 끼고 흐린 날에는 대부분 조용하지만, 정오 즈음에는 가끔 소리를 내기도 한다. 갑자기 놀라면 비명 같은 짧은 소리를 내며 날갯짓도 제대로 못한 채 땅으로 떨어지기도 한다. 그리고 사람이 멀리서 다가가면 갑자기 조용해지고는 나무 아래쪽으로 기어 내려오면서 "기---이익, 기---이익" 소리를 낸다. 사람 키 높이만큼 내려왔을 때 다가가 손을 대면 손에 기어 오르기도 하는데, 그러다가도 위험을 느끼면 나무 높은 곳으로 기어 올라가거나 날아가 버린다. 암컷이 날아오니 "기---이익, 기---이익" 소리를 내며 다가가 짝짓기하는 것을 보았다.

암컷. 가운데가슴등판에 뚜렷한 'W'자 무늬와 'X'자 융기가 있다.
충북 보은 구병산. 2016.08.24.

수컷. 가까이 다가가자 거꾸로 기어 내려온다.
경기 연천 고대산. 2018.08.17.

수컷. 몸 아랫면은 흰 가루로 덮여 있다. 충남 서산 가야산. 2019.08.19.

수컷 얼굴. 경기 연천 고대산. _2018.08.17.

수컷. 손에 올리자 생식기를 내민다. 경기 연천 고대산. 2018.08.17.

수컷 알비노(멜라닌 색소가 없는 개체). 경기 연천 고대산. 2018.08.17.

짝짓기. 암컷이 수컷 소리를 듣고 다가온다. 충남 예산 원효봉. 2019.08.23.

날개에 곰팡이가 생긴 수컷. 충남 서산 가야산. 2018.09.01.

가느다란 줄기에 알을 낳는 암컷. 강원 춘천. 2019.08.13.

곧 부화할 알. 겹눈과 다리가 보인다. 2019.07.22.

알 낳은 흔적. 한 구멍에 알을 5개 안팎 낳는다.
경기 연천 고대산. 2018.08.19.

알에서 깨어 난 1령 애벌레. 8월 중순에 낳은 알이 다음 해 7월 중순에 부화한다. 2019.07.17.

땅에서 기어 나온 종령 애벌레. 강원 평창 오대산. 2018.07.23.

날개돋이 과정

허물

앞가슴등판과 가운데가슴등판이 불투명하고, 옆에서 보면 이마방패가 평평하다. 허물 생김새가 비슷한 말매미는 앞가슴등판과 가운데가슴등판이 반투명하고, 옆에서 보면 이마방패가 튀어나왔다.

수컷 옆면

수컷 생식기

암컷 생식기

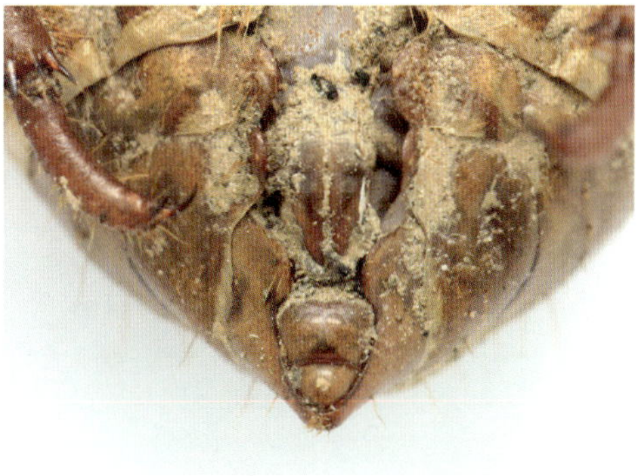

윗면

아랫면

윗면

아랫면

말매미

Cryptotympana atrata (Fabricius, 1775)

몸길이

암수 모두 41mm 안팎

날개 끝까지 길이

암수 모두 65mm 안팎

나타나는 때

6월 중순~10월 중순

'말'은 보통보다 큰 것을 뜻하는 접두사다. 따듯한 지역에 살며, 중부 이북 지역 산지나 강원도의 고도가 높은 지역을 제외한 한반도 거의 모든 평지와 섬에 산다. 중부 지방에서 아래쪽으로 내려갈수록 고도가 더 높은 곳에서도 보이며 제주도에서는 해발 800m 산지에서도 보인다.

우리나라 매미 가운데 몸집이 가장 크며 몸 전체가 검은색이다. 깨끗한 개체는 금빛 털로 덮여 있다. 다리마디와 몸 아랫면에는 누런색 무늬가 있고, 가슴 아랫면 가운데에 있는 뾰족한 돌기는 아래쪽을 향한다. 날개 기부는 검은색이며 기부와 가까운 날개맥은 녹색이다.

키 높은 나무의 가지 끝에 주로 앉으나 개체수가 많은 곳에서는 나무 밑동에 다닥다닥 붙어 있기도 하며, 한 자리에서 잘 떠나지 않는다. 맑고 무더운 날에 우렁차게 울며 한 마리가 소리를 내면 주변에 있던 수컷들이 동시에 소리를 낸다. 흐리고 기온이 낮은 날, 비가 내리는 날에는 조용하다. 암컷이나 사람이 가까이 다가가면 작게 소리를 내다가 갑자기 음량을 최대로 올리면서 생식기를 밖으로 드러내고 뒷걸음질로 나무 밑동까지 내려오기도 한다.

수컷(오른쪽)을 찾아온 암컷(왼쪽). 충북 청주 산남동. 2016.07.31.

소리 내는 수컷. 충북 청주 수곡동. 2019.08.02.

암컷. 배 끝마디에 누런색 무늬가 있다.
충북 청주 수곡동. 2019.08.02.

날개돋이한 지 얼마 안 된 개체로 온몸이 금빛 가루로 덮여 있다.
충북 청주 수곡동. 2019.08.02.

개체수가 많은 곳에서는 여러 마리가 한 곳에 모이기도 한다.
충북 청주 수곡동. 2019.08.04.

짝짓기. 배 끝을 맞대고 'V'자 자세로 짝짓기한다. 충북 청주 산남동. 2016.08.01.

암컷. 버드나무 가지에 알을 낳는다. 충북 괴산 청천면. 2020.08.31

나무를 기어오르는 종령 애벌레.
충북 청주 수곡동. 2020.07.24.

암컷 날개돋이. 충북 청주 수곡동. 2020.07.24

알 낳은 흔적. 충북 청주 산남동. 2016.08.27.

가지 속에 든 알. 한 구멍에 알을 5개 안팎 낳는다. 2017.12.01.

알에서 깨어 나온 1령 애벌레. 여름에 낳은 알이 다음 해 6월 중순에 부화한다. 2019.07.02.

왕사마귀에게 잡힌 수컷.
충북 청주 산남동. 2019.08.31.

종령 애벌레. 날개돋이하다가 개미와 민달팽이 습격을 받아 죽었다.
충북 청주 수곡동. 2016.07.18.

녹강균에 감염되어 죽은 수컷. 서울 강서습지생태공원. 2019.08.17.

매미 알에 기생하는 매미알벌 암컷(몸길이 약 8mm). 2020.06.02.

말매미 산란관 구조

산란관

암컷 산란관 끝에 톱니 모양 기관이 있다. 이 기관을 아래위로 번갈아 가며 톱질해 나무껍질과 가지, 풀줄기 등에 구멍을 뚫고 거기에 산란관을 찔러 넣어 알을 낳는다.

산란관 분해

윗면

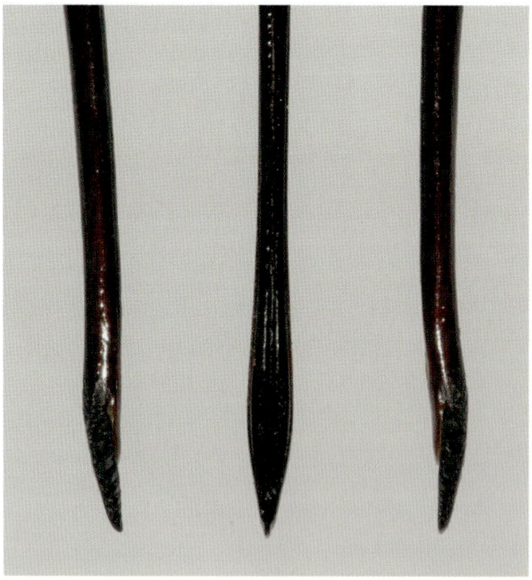

톱니 모양 기관 산란관 톱니 모양 기관

아랫면

톱니 모양 기관 산란관 톱니 모양 기관

참깽깽매미와 달리 앞가슴등판과 가운데가슴등판이 반투명하고,
옆에서 보면 이마방패가 튀어나왔다.

수컷 옆면

수컷 생식기

암컷 생식기

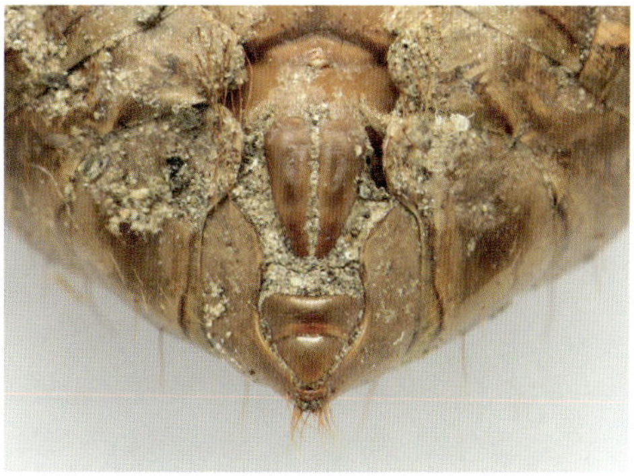

윗면

아랫면

윗면

아랫면

유지매미

Graptopsaltria nigrofuscata **(Motschulsky, 1866)**

몸길이

암수 모두 35mm 안팎

날개 끝까지 길이

수컷 55mm 안팎, 암컷 58mm 안팎

나타나는 때

7월 초순~9월 중순

수컷. 날개 전체가 불투명하고 날개맥은 녹색이다. 충북 제천 봉양읍. 2013.08.01.

날개가 기름종이 같다고 해서 '유지(油紙)'라는 이름이 붙었다. 한반도 전역의 산기슭이나 낮은 산지와 평지, 섬에 산다.
날개 전체는 불투명하며, 바탕은 갈색이고 검은 무늬가 있다. 날개맥은 녹색이다. 날개가 불투명해 날아가는 모습이 눈에 잘 띈다. 몸 전체가 검은색이고 가운데가슴등판과 'X'자 융기 사이, 배 위쪽과 아래쪽은 흰색 가루로 덮여 있다. 깨끗한 개체는 금빛 털로 덮여 있다.
주로 늦은 오후에 울지만 개체수가 매우 많은 곳에서는 하루 종일 운다. 한 번 소리를 내고 나면 바로 다른 곳으로 날아가기를 반복하나, 해 질 무렵에는 한 곳에 자리 잡고 두어 번 이상 이어서 소리를 내기도 한다.

암컷. 배는 흰 가루로 덮여 있다. 충북 청주 상당산성. 2021.08.11.

나무즙을 빠는 암컷. 충북 청주 상당산성. 2021.08.11.

암컷. 낮은 산지나 평지에서 볼 수 있다. 충북 청주 상당산성. 2021.08.11.

30분 정도 짝짓기한다.
충북 제천 봉양읍. 2018.08.04.

암컷. 마른 나뭇가지에 알을 낳는다.
서울 중계동. 2017.08.01.

갓 낳은 알. 2017.08.04.

종령 애벌레. 애벌레 기간은 5년으로 알려졌다. 충북 청주 상당산성. 2021.07.22.

수컷 날개돋이.
충북 청주 상당산성. 2021.07.22.

체력이 다 떨어지기 전에 허물에서 빠져나오지 못해 죽었다.
충북 청주 상당산성. 2021.08.11.

허물

옆면을 보면 참매미와 큰 차이가 없다. 보통 참매미 허물은 연한 갈색이고 유지매미 허물은 진한 갈색인데, 간혹 참매미 허물도 진한 갈색인 것이 있어 구별이 어렵다. 그러나 허물의 아랫면 생식기를 살피면 구별할 수 있다. 참매미 수컷은 생식기가 달걀 모양인데, 유지매미 수컷은 육각형이고 윗변이 움푹 파였다. 참매미 암컷은 생식기 윗변이 반듯한데, 유지매미 암컷은 윗변이 움푹 파였다.

수컷 옆면

수컷 생식기

암컷 생식기

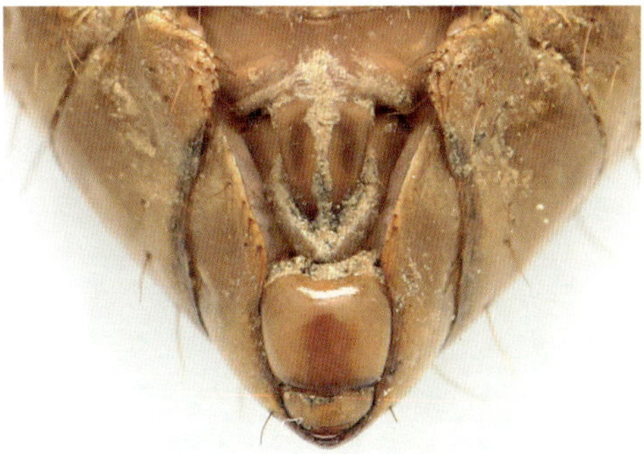

윗면

아랫면

윗면

아랫면

참매미

***Hyalessa fuscata* (Distant, 1905)**

몸길이

암수 모두 33mm 안팎

날개 끝까지 길이

수컷 56mm 안팎, 암컷 60mm 안팎

나타나는 때

6월 하순~9월 하순

옛날부터 "맴-맴" 우는 이 매미의 소리를 따서 '맴이'→ '매미'가 매미과 종 전체를 일컫는 이름이 되었다. '참'은 우리나라를 대표하는 매미라는 뜻이며, 실제로 한반도 전역의 평지와 산, 섬, 마을을 가리지 않고 폭넓게 분포하고 개체수도 많다. 나무의 높은 곳과 낮은 곳도 가리지 않고 잘 앉는다.

몸은 검은색이고, 앞가슴등판과 가운데가슴등판에는 녹색 점무늬가 있으며, 여러 곳에 흰색 가루가 묻어 있다. 깨끗한 개체는 금빛 털이 있다.

맑은 날 아침, 주로 오전 5시 무렵부터 소리가 들린다. 날이 흐리고 비가 오는 날에는 평소보다 느리게 울기도 한다. 보통 한 번 소리를 내고 바로 다른 곳으로 날아가지만, 암컷이나 다른 수컷이 옆에 있으면 계속 소리를 내면서 그 매미에게 다가간다. 그리고 나무 한 그루에서 한 마리가 소리를 내기 시작하면 그 나무에서 조용히 앉아 있던 다른 수컷들이 자기 영역이라고 알리는 경고음을 낸다. 이때는 짝을 부르는 소리와 달리 "끄으------" 하는 소리를 낸다.

암컷. 앞가슴등판과 가운데가슴등판에 녹색 점무늬가 있다. 서울 풍납동. 2014.08.27.

수컷. 우리나라를 대표하는 매미라 불릴 만큼 전국 어디에나 많다.
경기 연천 고대산. 2018.08.17.

수컷. 나무의 높낮이를 가리지 않고 앉는다.
충북 청주 수곡동. 2021.07.25.

암컷. 가슴등판 무늬가 갈색인 개체도 있다. 충북 청주시 수곡동. 2021.08.15.

수컷. 몸 곳곳에 흰 가루가 묻어 있다. 충북 제천 화산동. 2013.08.05.

암컷 연두색형. 인천 영종도. 2012.08.01.

짝짓기. 암컷이 소리 내는 수컷에게로 다가가 짝짓기한다. 충북 제천 봉양읍. 2011.08.07.

나무껍질에 알을 낳는 암컷. 서울 중계동. 2017.08.01.

암컷이 알 낳은 흔적.
충북 청주 수곡동. 2017.08.23.

나뭇가지 속 알. 2019.06.15.

1령 애벌레. 7월 하순에 낳은 알이 다음 해 6월 중순에 부화한다. 2019.06.15.

종령 애벌레. 서울 풍납동. 2013.07.22.

날개돋이. 충북 청주 산남동. 2017.07.29.

낮에 날개돋이한 암컷.
충북 제천 의림지. 2013.08.01. 10시 24분

수컷. 날개가 제대로 펴지지 않아서 날지 못한다.
충북 청주 수곡동. 2021.07.25.

체력이 떨어져 허물에서 빠져나오지 못하고 죽었다. 충북 청주 수곡동. 2021.07.23.

백강균에 감염되어 죽었다. 충북 괴산 연풍면. 2020.09.10.

매미기생나방에 기생당했다. 매미기생나방 애벌레 여러 마리가 붙어 있다. 경기 파주 적성면. 2018.08.18.

날개돋이한 매미기생나방. 2018.08.31.

대개 유지매미 허물에 비해 색이 연하다. 참매미 수컷은 생식기가 달걀 모양인데, 유지매미 수컷은 육각형이고 윗변이 움푹 파였다. 참매미 암컷은 생식기 윗변이 반듯한데, 유지매미 암컷은 윗변이 움푹 파였다.

수컷 옆면

수컷 생식기

암컷 생식기

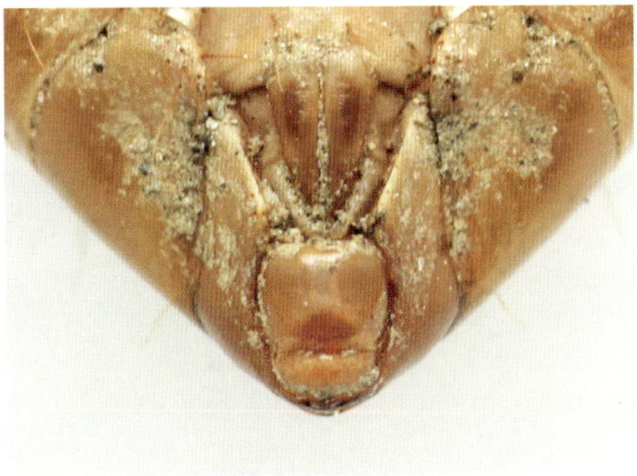

윗면

아랫면

윗면

아랫면

소요산매미

Leptosemia takanonis Matsumura, 1917

몸길이

수컷 27mm 안팎, 암컷 20mm 안팎

날개 끝까지 길이

수컷 37mm 안팎, 암컷 35mm 안팎

나타나는 때

6월 초순~8월 중순

채집 기록이 있었던 경기 동두천 소요산의 이름을 붙였다. 평지보다는 낮은 산지부터 해발 600m 사이 산지에 많다.

앞가슴등판과 가운데가슴등판에는 녹색과 갈색이 섞인 바탕에 검은색 무늬가 있다. 배는 전체적으로 황갈색을 띠며 암수 모두 배 끝마디에 검은 테두리가 있다. 날개 기부와 가까운 날개맥은 녹색이다. 수컷 배는 속이 훤히 들여다보이며, 암컷은 우리나라 매미아과 중에서 몸길이가 가장 짧지만 날개 끝까지 길이는 수컷과 비슷하다. 수컷은 진동막덮개가 진동막을 반 정도만 가리며, 배딱지는 우리나라 매미아과 중에서 가장 작고 특이하게도 좌우로 멀리 떨어져 있다. 깨끗한 개체는 몸에 금빛 털이 있다.

관찰한 지역 중에서는 강원 영월 쌍용리의 서식 밀도가 매우 높았으며, 7월 초순에 개체수가 절정에 이르다가 7월 중순에 갑자기 사라졌다. 아마도 개체수가 많은 만큼 짝짓기도 빨리 하고, 알도 빨리 낳아 다른 지역에서보다 일찍 사라진 듯하다.

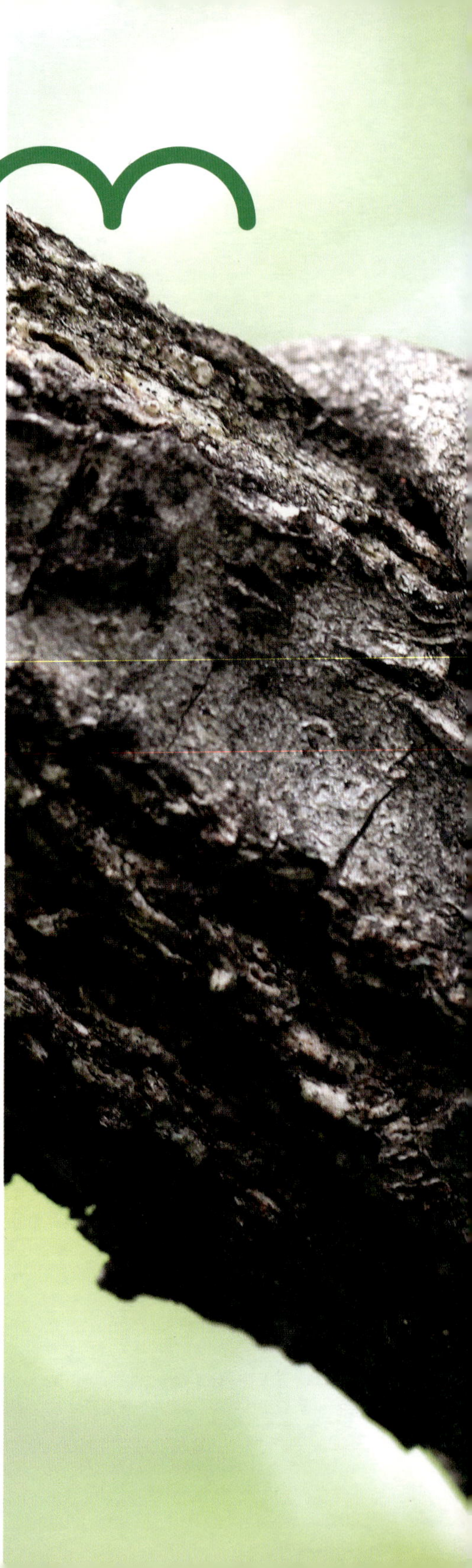

수컷. 배가 투명해 속이 들여다보인다. 강원 영월 한반도면. 2021.07.05.

수컷. 황갈색 배 끝에 검은 테두리가 있다. 강원 영월 한반도면. 2021.07.05.

암컷. 주둥이를 나무에 꽂아 즙을 빤다. 강원 영월 한반도면. 2021.07.05.

암컷. 배가 짧으나 날개는 수컷만큼 길다. 강원 영월 한반도면. 2014.06.26.

수컷. 산지에 주로 산다. 강원 영월 한반도면. 2021.07.05.

짝짓기. 강원 영월 한반도면. 2014.06.26.

죽은 나뭇가지에 알을 낳는 암컷. 충북 제천 청풍면. 2014.07.10.

알 낳은 흔적. 7월 초순에 낳은 알이 그해 8월 하순에 부화한다.
강원 영월 한반도면. 2021.07.07.

전애벌레. 처음 산란 구멍 밖으로 밀려 나오는 애벌레는 얇은 막에 감싸여 있고,
이 상태를 전애벌레 단계라고 한다.2021.08.31.

알에서 허물을 벗고 나오는 1령 애벌레. 2021.08.30.

종령 애벌레. 충북 청주 미동산. 2018.06.19.

날개돋이하는 수컷. 충북 청주 미동산. 2018.06.19.

잠자리에게 잡힌 수컷.
강원 영월 한반도면.
2021.07.05.

수컷 몸에 알을 낳아 기생시키려고 뒤꽁무니를 따라다니는 쉬파리.
충북 제천 청풍면. 2012.07.09.

수컷이 죽자 몸 밖으로 나온 쉬파리 애벌레.
2020.07.07.

허물

다른 매미 허물에 비해 껍질이 얇아서 속이 훤히 비친다.
더듬이 7마디 중에 4번 더듬이가 굵고, 마지막 마디는 길다.

수컷 옆면

수컷 더듬이

수컷 생식기

암컷 생식기

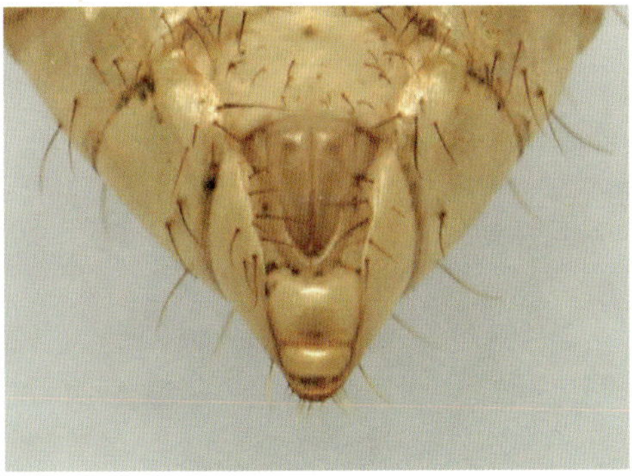

윗면

아랫면

윗면

아랫면

수컷. 애매미보다 녹색 무늬가 많다. 서울 강서습지생태공원.
2019.08.17.

쓰름매미

Meimuna mongolica (Distant, 1881)

몸길이

수컷 31mm 안팎, 암컷 30mm 안팎

날개 끝까지 길이

수컷 47mm 안팎, 암컷 46mm 안팎

나타나는 때

7월 초순~9월 중순

수컷. 배 끝마디에 흰색 테두리가 둘려 있다. 서울 강서습지생태공원. 2019.08.17.

옛날에는 소리를 따서 '씨르람이' 또는 '쓰르라미'라고 불렀다. 예전 백과사전에서 "한국에는 살지 않는 저녁매미(*Tanna japonensis* (Distant, 1892)) (일본명 히구라시)와 쓰르라미는 같은 종이다"라고 설명한 것은 잘못된 것이다. 주변이 탁 트인 평지와 강가, 저수지 주변, 낮은 산지까지도 살고 고도가 높은 산에서는 거의 볼 수 없다.

몸 바탕은 검은색이며 앞가슴등판과 가운데가슴등판에 있는 녹색 무늬는 애매미 무늬보다 굵다. 배딱지를 포함한 아랫면은 녹색이며 흰색 가루로 덮여 있다. 수컷 배딱지는 배 길이의 2/3를 차지하며, 암컷 산란관은 애매미 암컷과 마찬가지로 가늘고 길다. 암수 모두 배 끝마디에 흰색 테두리가 둘린 것이 가장 큰 특징이다. 배마디가 맞닿는 경계는 하늘색이며, 깨끗한 개체는 온몸이 금빛 털로 덮여 있다.

주로 오전과 저녁 무렵에 많이 울지만 개체수가 매우 많은 곳에서는 하루 종일 운다. 한 마리가 소리를 내면 주변에 있던 다른 수컷들도 따라서 주기를 맞춰 "쓰-름"하는 소리를 낸다.

수컷. 배 아랫면이 녹색이고, 배딱지가 무척 크다. 서울 강서습지생태공원. 2019.08.17.

암컷. 산란관집이 길게 삐져나왔다. 서울 강서습지생태공원. 2019.08.17.

나무즙을 빠는 암컷(아래)과 수컷(위).
서울 강서습지생태공원. 2019.08.17.

암컷 적색형. 서울 강서습지생태공원. 2019.08.17.

암컷 색 변이. 왼쪽부터 일반형(녹색), 갈색형, 적색형.
서울 강서습지생태공원. 2019.08.17.

버드나무 껍질에 산란관을 꽂고 알을 낳는 암컷. 서울 강서습지생태공원. 2019.08.17.

종령 애벌레. 대전 미호동. 2021.08.07.

날개돋이하는 수컷. 대전 미호동. 2021.08.07.

날개돋이하는 적색형 암컷. 대전 미호동. 2021.08.07.

허물

애매미 허물과 생김새가 비슷하며, 쓰름매미 허물이 조금 더 크다.
가슴과 날개집에 거뭇한 무늬가 있기도 하고 없기도 하다.

수컷 옆면

수컷 생식기

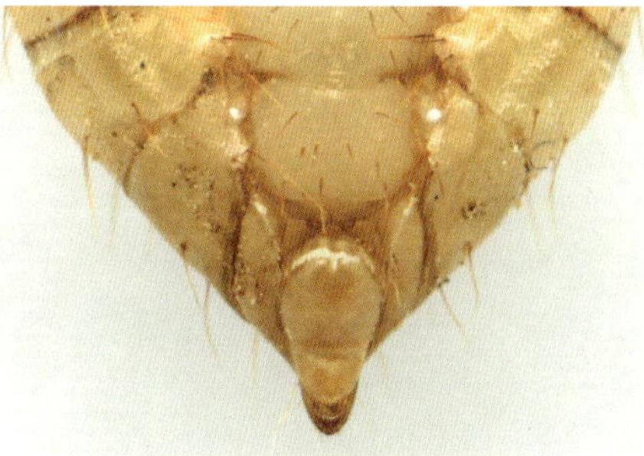

암컷 생식기

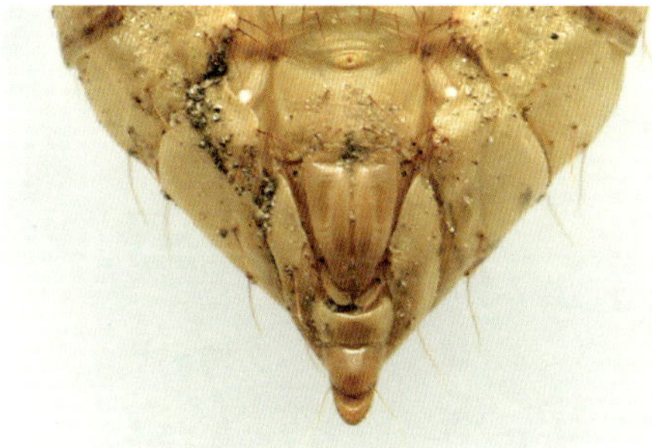

쓰름매미 허물

수컷

수컷

애매미 허물

암컷

수컷

암컷

윗면

아랫면

윗면

아랫면

애매미

Meimuna opalifera (Walker, 1850)

몸길이

수컷 28mm 안팎, 암컷 30mm 안팎

날개 끝까지 길이

수컷 43mm 안팎, 암컷 45mm 안팎

나타나는 때

7월 초순~10월 중순

몸집이 작다고 이름에 '애'를 붙였다. 섬을 비롯한 한반도 전역 평지에서부터 높은 산까지 퍼져 살며, 도심보다는 주로 산지 쪽에 많다.
몸 바탕은 검은색이며 앞가슴등판과 가운데가슴등판에 녹색과 갈색으로 이루어진 무늬가 있다. 이마방패가 앞으로 튀어나왔으며, 깨끗한 개체는 금빛 털로 덮여 있다. 배딱지를 포함한 아랫면은 검은색이며 흰색 가루가 묻어 있다. 수컷 배딱지는 마름모꼴이며, 암컷 산란관은 가늘고 길다.
나무 종류를 가리지 않고 잘 앉으며 마을에 사는 개체는 인공 구조물에도 잘 앉는다. 우리나라 매미 가운데 가장 다채로운 소리를 내며, 여러 가지로 변주한다. 나무 한 그루에서 한 마리가 소리를 내면 그 나무에서 조용히 앉아 있던 다른 수컷들이 자기 영역이라는 것을 알리고자 "찌이-----"하는 경고음을 낸다.

나무즙을 빠는 수컷. 강원 화천 하남면. 2019.08.13.

소리 내는 수컷. 주로 산지에서 보인다. 경북 상주 갑장산. 2018.08.20.

뱃속이 비치는 수컷. 경북 상주 갑장산. 2018.08.20.

날개돋이한 지 얼마 안 된 수컷. 온몸이 금빛 가루로 덮여 있다.
서울 강서습지생태공원. 2019.08.17.

나무즙을 빠는 암컷. 산란관집이 길게 삐져나왔다.
서울 강서습지생태공원. 2019.08.17.

죽은 소나무 가느다란 가지에 알을 낳는 암컷.
충북 제천 감악산. 2017.08.12.

종령 애벌레. 충북 청주 상당산성. 2021.07.22.

날개돋이하는 암컷.
충북 청주 상당산성. 2021.07.22.

애매미를 잡아먹는 갈색여치. 경기 남양주 천마산. 2016.08.13.

쓰름매미 허물과 생김새가 비슷하며, 애매미 허물이 조금 더 작다.
가슴과 날개집에 거뭇한 무늬가 있기도 하고 없기도 하다.

수컷 옆면

수컷 생식기

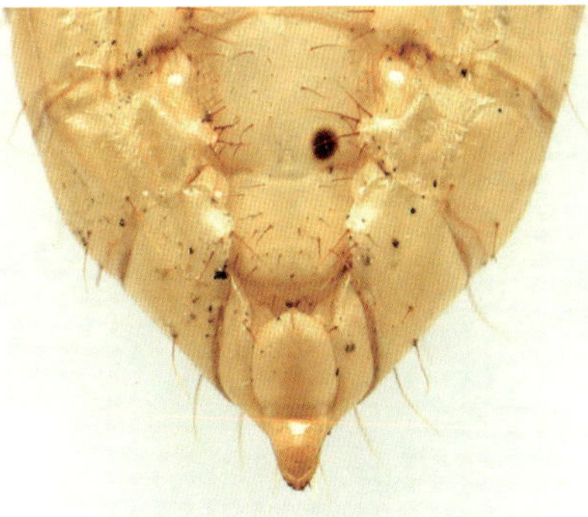

암컷 생식기

윗면

아랫면

윗면

아랫면

적색형

수컷. 늙어서 기력이 거의 없는 상태다. 강원 평창 대화면. 2014.06.05.

세모배매미

Cicadetta abscondita Lee, 2008

몸길이

암수 모두 20mm 안팎

날개 끝까지 길이

암수 모두 28mm 안팎

나타나는 때

5월 중순~8월 초순

배를 위에서 보면 좁고, 가로로 자른 단면이 세모꼴이어서 세모배매미라는 이름을 붙였다. 강원도에서는 고도 350m 이상인 산지, 경기도 북부와 경상북도 북부에서는 700m 이상인 산지에서 살며, 1,000m 이상인 고산지대에서도 보인다.

몸 전체는 검은색이며, 다리마디와 배마디 경계, 날개 바깥 테두리는 적갈색이고, 가운데가슴등판에는 아무런 무늬가 없다. 겹눈은 검은색이다. 몸 크기는 풀매미와 호좀매미의 중간 정도다. 깨끗한 개체는 금빛 털로 덮여 있고 수컷 생식기판은 긴 원뿔 모양이다.

소리가 너무 작고 생태가 특이해서 만나기 어렵다. 산 중턱이나 정상에 드물게 펼쳐진 풀밭이나 풀이 무성한 양지바른 무덤가 나무에 살며 풀매미와 함께 보일 때가 많다. 오전에는 거의 조용하거나 가끔씩 소리를 내고, 오후 2시 이후부터 울기 시작해, 늦은 오후와 해 질 무렵에 더 많이 운다. 흐린 날씨에는 하루 종일 운다. 한 마리가 소리를 내면 주변에 있던 다른 수컷들도 따라 소리를 낸다. 그러나 소리의 중심 주파수가 13~14㎑ 안팎 고음이어서 청각이 민감한 사람이 아니면 듣기 어렵다.

암컷. 배 윗면 위쪽 한가운데가 볼록하게 솟았다.
강원 평창 대화면. 2014.06.05.

암컷. 배마디 경계색이 적갈색이다. 강원 평창 용평면. 2020.05.29.

날개돋이한 지 얼마 안 된 암컷. 온몸이 금빛 가루로 덮여 있다. 강원 평창 대화면. 2014.06.05.

개망초 줄기에서 짝짓기하는 한 쌍.
짧게는 4시간 길게는 6시간 이상 짝짓기한다.
강원 횡성 안흥면. 2018.05.23.

개망초 줄기에 알을 낳는 암컷. 강원 횡성 안흥면. 2017.05.29.

알 낳은 흔적. 강원 평창 대화면.
2014.06.10.

개망초 줄기 속 알. 구멍 하나당 알을 20개 안팎 낳는다. 2017.07.22.

전애벌레. 5월 하순에 낳은 알이 그해 7월 중순에 부화한다. 2019.07.14.

개미가 1령 애벌레를 물고 간다. 사육 개체. 2017.07.23.

1령 애벌레. 반투명한 붉은색이다.
2019.07.14.

땅속에 있던 애벌레. 강원 횡성 안흥면. 2018.05.21.

종령 애벌레. 강원 평창 대화면. 2014.05.21.

오전에 날개돋이하는 암컷.
강원 홍천 내면. 2019.05.25. 10시 12분.

허물

풀매미, 호좀매미와 생김새가 비슷하나 크기가 둘의 중간 정도이다.
풀매미와 호좀매미 날개집에는 거뭇한 무늬가 있지만 세모배매미 날개집에는 아무런 무늬가 없다.

수컷 옆면

수컷 생식기

암컷 생식기

윗면

아랫면

윗면

아랫면

세모배매미 분포도

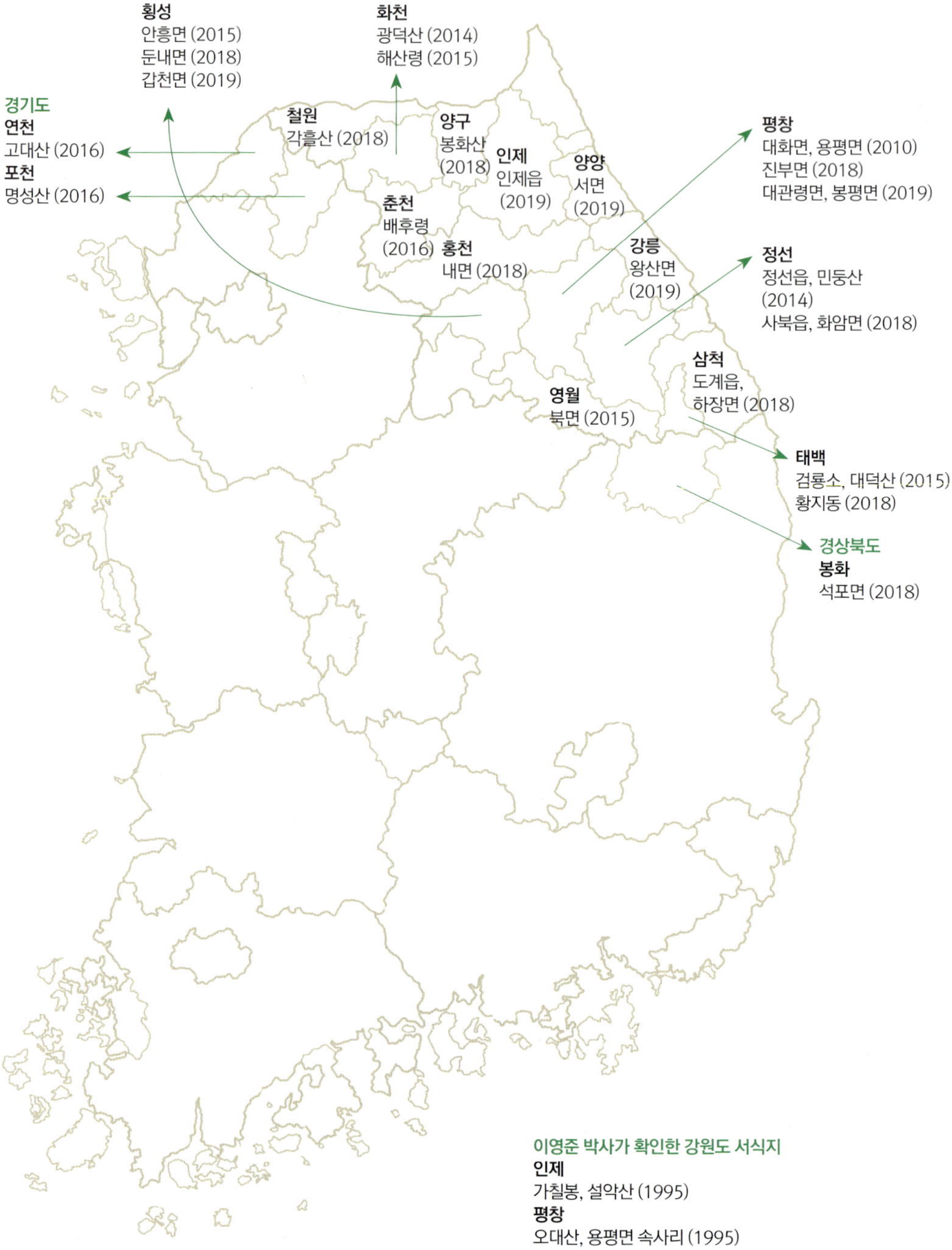
횡성
안흥면 (2015)
둔내면 (2018)
갑천면 (2019)
화천
광덕산 (2014)
해산령 (2015)
경기도
연천
고대산 (2016)
포천
명성산 (2016)
철원
각흘산 (2018)
양구
봉화산 (2018)
인제
인제읍 (2019)
양양
서면 (2019)
춘천
배후령 (2016)
홍천
내면 (2018)
강릉
왕산면 (2019)
평창
대화면, 용평면 (2010)
진부면 (2018)
대관령면, 봉평면 (2019)
정선
정선읍, 민둥산 (2014)
사북읍, 화암면 (2018)
삼척
도계읍, 하장면 (2018)
영월
북면 (2015)
태백
검룡소, 대덕산 (2015)
황지동 (2018)
경상북도
봉화
석포면 (2018)

이영준 박사가 확인한 강원도 서식지

인제
가칠봉, 설악산 (1995)

평창
오대산, 용평면 속사리 (1995)
계방산 (1996)

세모배매미와 풀매미 서식지

마을이나 산림에서 사는 매미가 대부분이지만 세모배매미와 풀매미의 모든 한살이는 풀밭에서 이루어진다. 그러므로 풀밭이 사라지면 이들도 사라질 수밖에 없다. 산 정상부 억새밭처럼 자연스럽게 생긴 풀밭도 있지만 군 사격장이나 제초제를 뿌리지 않은 무덤가처럼 사람들이 만들어 낸 풀밭도 이들의 삶터다.

산 정상에 드넓게 펼쳐진 억새밭

군 사격장의 방화선길 풀밭

규모는 작지만 제초제를 뿌리지 않아 풀이 무성한 무덤가

호좀매미

Kosemia yezoensis **(Matsumura, 1898)**

몸길이

수컷 23mm 안팎, 암컷 25mm 안팎

날개 끝까지 길이

암수 모두 35mm 안팎

나타나는 때

7월 초순~9월 중순

수컷. 고도가 높은 곳에 산다. 충북 제천 감악산. 2017.08.12.

수컷. 날개를 접었을 때 뒷날개가 겹쳐 삐져나온 부분이 다른 좀매미아과 종보다 크다. 충북 제천 감악산. 2017.08.12.

'좀'은 작다는 뜻이다. 조복성 선생이 호좀매미라는 이름을 붙였지만 '호'를 붙인 이유에 관해서는 밝히지 않았다. 높은 산 중턱 해발 400m 부근에서부터 정상까지 산다.

몸은 전체적으로 검은색이고 다리마디와 배마디 경계는 누렇다. 날개맥에도 누런 부분이 있다. 앞가슴등판 한가운데에 느낌표(!) 모양 누런 무늬가 있고 가운데가슴등판에는 누런 점무늬가 2개 있다. 뒷날개 위쪽이 접힌 모양을 옆에서 보면 같은 좀매미아과인 세모배매미나 풀매미보다 세모꼴로 튀어나온 부분이 크고 뚜렷하다. 겹눈은 짙은 갈색이며 깨끗한 개체는 온몸이 금빛 털로 덮여 있다.

주로 소나무 숲에 살며 유난히 솔잎에 잘 앉는다. 소리 나는 곳으로 다가가면 눈치가 빨라 소리를 내면서 다른 곳으로 날아가며 특히 나뭇가지 부러지는 소리가 나면 곧바로 조용해진다. 태양 조도가 높을 때에는 소리가 빨라지고 인기척에 매우 민감하게 반응하지만, 구름이 낀 흐린 날이나 해가 질 무렵에는 소리가 느려지고 인기척에도 둔감해지며, 산 능선 바위나 땅에 가만히 앉아 소리를 내기도 한다. 수컷은 방해가 없으면 계속해서 소리를 낸다.

수컷. 솔잎에 잘 앉는다. 경기 연천 고대산. 2018.08.17.

암컷. 눈은 짙은 갈색이다. 경기 연천 주라이등. 2015.08.07.

암컷. 느낌표 무늬와 점무늬가 뚜렷하다.
충북 제천 작성산. 2013.08.21.

죽은 철쭉 가느다란 가지에 알을 낳는 암컷.
경기 연천 고대산. 2018.08.17.

알 낳은 흔적. 8월 중순에 낳은 알이 다음 해 7월 초순에 부화한다. 경기 남양주 천마산. 2016.08.10.

가지 속 알. 구멍 하나에 알을
9개 안팎 낳는다. 2021.05.18.

알에서 허물을 벗고 나오는 1령 애벌레.
2019.07.09.

가지 속에 알은 없고 매미알벌 애벌레가 들어 있다.
2021.05.18.

가지 속 매미알벌 애벌레가 번데기가 되었다. 2017.08.04.

번데기에서 나온 매미알벌 암컷(몸길이 약 6mm). 2017.08.04.

오전에 날개돋이한 수컷. 경기 연천 고대산. 2017.08.02. 11시 29분.

좀매미아과 중에서 가장 크며, 날개집에 거뭇한 무늬가 있다.

수컷 옆면

수컷 생식기

암컷 생식기

윗면

아랫면

윗면

아랫면

수컷 녹색형. 제주도에 사는 개체는 대부분 녹색형이다. 제주 아라동. 2019.07.24.

풀매미

Tettigetta isshikii (Kato, 1926)

몸길이

암수 모두 16~17mm

날개 끝까지 길이

암수 모두 23mm 안팎

나타나는 때

5월 중순~8월 하순

일본 연구자 모리의 글에 '풀매암이'라는 이름으로 처음 기록되었다가 풀매미가 되었다. 풀에 잘 앉고 몸도 풀빛인 개체가 많은 데에서 비롯한 이름으로 보인다.
한반도 전역 특정한 지역에 제한적으로만 산다. 산 중턱이나 정상의 양지바른 풀밭, 풀이 무성한 오래된 무덤가에서 볼 수 있다.
우리나라 매미 중에서 몸집이 가장 작고 몸 색깔은 녹색형, 황색형, 흑색형 세 가지가 있다. 녹색형과 황색형은 가운데가슴등판에 몸 색깔과 같은 큰 무늬가 있고, 흑색형은 갈색이나 녹색 점무늬가 2개 또는 세로 줄무늬가 있으며, 무늬가 전혀 없는 개체도 있다. 날개는 투명하고, 녹색형과 갈색형은 날개맥 색깔이 몸 색깔과 같으며, 흑색형은 날개맥이 대개 갈색이나 간혹 녹색인 개체도 있다. 겹눈은 대개 적갈색이나 제주도에 사는 개체는 옅은 갈색을 띠기도 한다.
우리나라 섬 중에서는 유일하게 제주도에서만 보이며, 대부분 녹색형이고 황색형과 흑색형은 드물다. 햇빛이 강한 날에 빠르게 울며, 흐린 날에는 대개 조용하거나 느리게 운다. 수컷은 방해받는 일이 없으면 한 자리에서 계속 운다. 소리는 풀벌레 소리와 매우 비슷하며, 눈치가 빨라서 다가가면 조용해지거나 소리를 내면서 다른 곳으로 날아간다. 풀과 나무를 가리지 않고 앉는다.

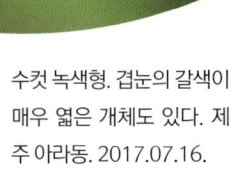

수컷 녹색형. 겹눈의 갈색이 매우 옅은 개체도 있다. 제주 아라동. 2017.07.16.

수컷 녹색형. 우리나라 매미 가운데 가장 작다. 제주 아라동. 2017.07.16.

수컷 황색형. 날개맥이나 무늬도 누런색이다. 경기 가평 북면. 2016.05.31.

수컷 흑색형. 흑색형 날개맥은 대개 갈색이다.
충북 옥천 군북면. 2018.05.31.

암컷 녹색형. 녹색형은 날개맥도 녹색이다.
제주 연동. 2017.07.17.

암컷 흑색형. 흑색형은 가운데가슴등판에 큰 무늬 대신 점무늬 2개나 세로 줄무늬가 있다. 강원 영월 한반도면. 2014.06.26.

암컷 황색형.
가운데가슴등판에 누런색 큰 무늬가 있다.
강원 영월 북면. 2015.06.04.

암컷이 날갯짓으로 위치를 알리면 수컷이 찾아오며, 10~20분간 짝짓기한다. 제주 아라동. 2017.07.16.

개망초 줄기에 알을 낳는 암컷. 강원 횡성 안흥면. 2021.06.10.

꿩의다리에 알을 낳는 암컷. 경기 가평 북면. 2016.05.31.

알 낳은 흔적. 강원 평창 대화면. 2014.06.10.

가지 속 알. 구멍 하나당 알을 10개 안팎 낳는다. 2019.08.25.

전애벌레. 5월 하순에 낳은 알이 그해 7월 중순에 부화한다. 2018.07.18.

허물을 벗는 1령 애벌레. 2018.07.18.

한낮에 날개돋이하는 암컷. 강원 횡성 안흥면. 2020.06.04. 13시 10분.

왕파리매 밥이 된 풀매미. 제주 연동. 2017.07.17.

허물

좀매미아과 중에서 가장 작으며, 날개집에 거뭇한 무늬가 있다.

수컷 옆면

수컷 생식기

암컷 생식기

수컷

색 변이

녹색형
황색형
흑색형

녹색형 윗면

녹색형 아랫면

흑색형 윗면

흑색형 아랫면

흑색형 윗면

흑색형 아랫면

종별 나타나는 시기

구분	4월			5월			6월			7월			8월			9월			10월			11월		
	초순	중순	하순	초순	중순	하순	초순	중순	하순	초순	중순	하순	초순	중순	하순	초순	중순	하순	초순	중순	하순	초순	중순	하순
털매미						△	○	◎	◎	●	●	◎	○	○	○	○	○							
늦털매미															○	◎	●	●	●	◎	◎	○		
참깽깽매미										○	◎	●	●	●	●	◎	○	○	△					
말매미								○	○	◎	◎	●	●	●	◎	◎	◎	○	○	○				
유지매미										○	○	◎	●	●	◎	○	○							
참매미									○	○	◎	●	●	●	◎	◎	○	○						
소요산매미							○	◎	●	●	●	◎	○	○										
쓰름매미										○	○	◎	●	●	◎	○	○							
애매미										○	○	◎	●	●	●	◎	○	○	○	○	△			
세모배매미			△	△	○	◎	●	●	◎	◎	○	○	○											
호좀매미										○	○	◎	●	●	◎	○	○							
풀매미					○	◎	●	●	●	●	◎	◎	○	○	○									

○ 개체수 적음 ◎ 개체수 보통 ● 개체수 많음 △ 지역이나 기상 조건에 따라 있거나 없음

- 세모배매미(△): 대개 5월 중순에 처음 나타나지만, 4월 기온이 평년보다 높았던 2014년에는 강원 정선 정선읍에서 4월 27일, 평창 대화면에서 5월 9일에 나타났다.
- 애매미(△): 2020년 10월 26일 충남 서산 황금산에서 수컷 한 마리가 울었다.
- 털매미(△): 2016년 5월 31일에 경기 가평 북면에서 수컷 한 마리가 울었다.
- 참깽깽매미(△): 2018년 10월 4일에 충남 예산 원효봉에서 수컷 한 마리가 울었다.

고도에 따른 종 분포

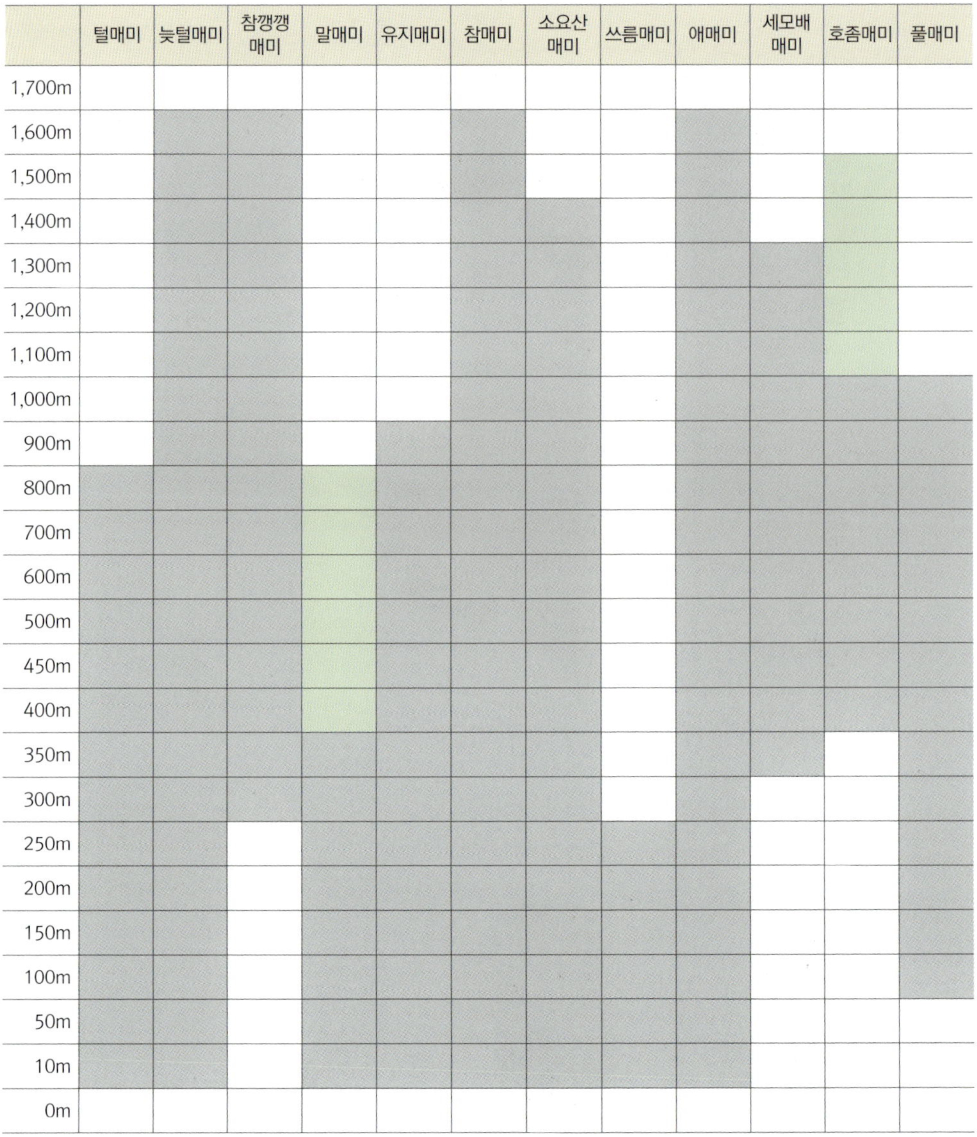

털매미
늦털매미
참깽깽매미
말매미
유지매미
참매미
소요산매미
쓰름매미
애매미
세모배매미
호좀매미
풀매미
1,700m
1,600m
1,500m
1,400m
1,300m
1,200m
1,100m
1,000m
900m
800m
700m
600m
500m
450m
400m
350m
300m
250m
200m
150m
100m
50m
10m
0m

- 말매미(초록색): 중부와 북부 지역의 말매미는 평지부터 해발 350m 정도 저산지까지 사는 반면, 남부 지방으로 내려갈수록 점점 더 높은 곳에서도 살며, 제주도에서는 한라산 자락 800m 부근과 주변 600m 오름에도 퍼져 산다.
- 호좀매미(초록색): 중부와 북부 지역의 호좀매미는 고도 400m 산 중턱부터 1,000m 부근까지 사는 반면, 남부 지방으로 내려갈수록 점점 더 높은 곳에서도 살며, 경남 합천 가야산 칠불봉과 전북 무주 덕유산 설천봉에서 확인했다.

모아보기

35mm

털매미
Platypleura kaempferi

35mm

늦털매미
Suisha coreana

53mm

참깽깽매미
Auritibicen intermedius

65mm

말매미
Cryptotympana atrata

55mm

유지매미
Graptopsaltria nigrofuscata

56mm

참매미
Hyalessa fuscata

37mm

소요산매미
Leptosemia takanonis

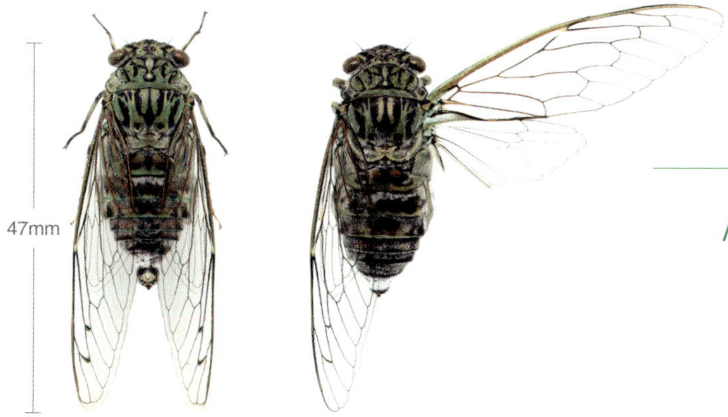
47mm

쓰름매미
Meimuna mongolica

43mm

애매미
Meimuna opalifera